LETTRE

D'UN

CURÉ DE CAMPAGNE

A M. DE BONNAL

RÉDACTEUR DU *JOURNAL DE LA VIENNE.*

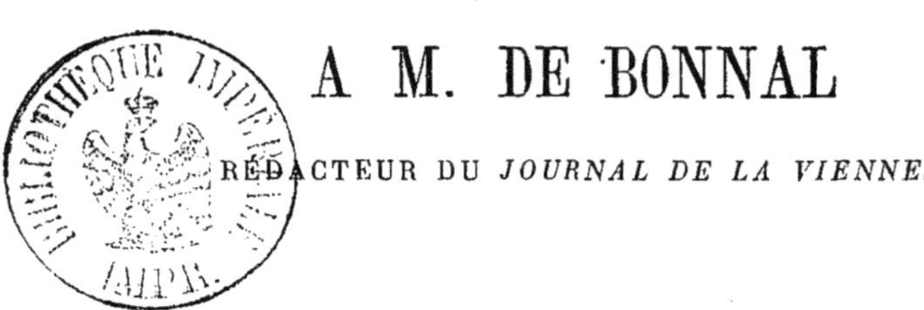

PARIS.

H. VRAYET DE SURCY, LIBRAIRE-ÉDITEUR,

RUE DE SÈVRES, 19.

1861

LETTRE

CURÉ DE CAMPAGNE

A M. DE BONNAL.

Monsieur le Rédacteur,

Votre apparition au milieu de nous, il y a quelques semaines, n'a pas été sans faire un peu de bruit, et sans produire quelque sensation parmi les paisibles habitants du Poitou. Le *Journal de la Vienne*, en passant sous votre direction, a subi une transformation complète. Vous avez jeté à bas la vieille défroque qui lui allait tant bien que mal, depuis de longues années, et que nous pensions lui voir toujours. Pour le rendre moins indigne des hautes destinées que vous lui préparez, il vous a plu de lui donner un certain air de jeunesse. Vous avez tout changé dans les conditions de sa modeste existence : le format, les caractères, le mode de publication, le prix d'abonnement, les principes, s'il en avait, et même le style.

Comment s'est-il trouvé de la métamorphose? Voilà ce qu'il est bon d'examiner aujourd'hui. Quelques semaines d'existence, c'est peu de chose; mais la jeunesse offre parfois assez de traits caractéristiques pour faire deviner ce que l'on deviendra dans l'âge mûr.

Il y a de la hardiesse, il faut l'avouer, dans les prétentions que vous affichez dès le début, et, à peine entré dans la carrière, vous frappez, de ci de là, certains coups qui décèlent de l'audace. Vous nous annoncez, à nous provinciaux attardés, qui n'avons d'autre mérite que celui de payer régulièrement l'impôt, que nous ne serons plus sous la tutelle de MM. les Parisiens; — que, grâce *aux chemins de fer, au télégraphe électrique,* et aussi *à la disparition du régime démo-*

cratique et parlementaire, la France se trouve de fait *décentralisée,* progrès que nous ignorerions encore, si vous n'étiez pas venu nous le révéler; —que Paris ne nous imposera plus ses révolutions, ses volontés et ses journaux; —que le *Journal de la Vienne* peut remplacer avantageusement les feuilles les plus accréditées de la capitale, telles que le *Constitutionnel* et la *Patrie,* et peut-être aussi le *Siècle* et l'*Opinion Nationale* [1]. Je nomme ceux-là de préférence, parce qu'il résulte de ce que vous avez écrit jusqu'à présent que ce sont ceux-là que vous voulez remplacer entre nos mains. Eh! que d'efforts tentés déjà par vous, afin de remplir dans nos départements de l'ouest la tâche que ces feuilles accomplissent dans la France entière! Vous avez préparé l'apaisement des anciens *partis* en leur démontrant bel et bien qu'ils sont, à leur insu, d'accord entre eux sur les *principes fondamentaux et qu'ils professent les mêmes doctrines morales* [2]; — qu'il n'y a de différence que pour *les formes, pour les noms et pour les personnes* [3]; — qu'en voulant se ménager un triomphe par une révolution, ils poursuivent une chose qui n'en vaut pas la peine, une chimère, un fantôme, tout au plus un changement de décoration sur la scène politique [4]; — qu'en fin de compte, les mécontents d'un régime, quel qu'il soit, n'ont pas de motifs de *faire la guerre à ceux* qui se donnent pour *satisfaits* [5]. Vous avez mis à néant les folles espérances du parti légitimiste, en lui démontrant qu'il est *en contradiction avec lui-même, avec ses grands intérêts, avec les masses conservatrices, avec la religion, avec les nécessités sociales* [6].

Voilà ce que vous avez fait pour l'ordre politique. Quant à l'ordre religieux, vous avez entrepris une tâche non moins difficile. Nous verrons bien quel sera le résultat. Mais vous avez hardiment mis la main à l'œuvre. Déjà, vous nous avez donné de la religion une définition nouvelle, à l'exemple des journaux que le vôtre doit remplacer [7]. Vous avez empêché que l'on ne *confondît le prêtre avec la religion, que Dieu ne fût pris pour l'homme,* et que par là *il ne perdît tout crédit* [8]. Vous avez exposé les principes du droit nouveau, d'après lesquels nous devons, nous catholiques, en prendre notre parti

---

[1] Journal de la Vienne, 27 avril 1861.
[2] Ibid., 2 mai.
[3] Ibid.
[4] Ibid., 30 avril et 2 mai.
[5] Ibid., 16 mai.
[6] Ibid., 9 mai.
[7] Ibid., 6 mai.
[8] Ibid., 4 mai.

sur cette grave question romaine, qui jette si mal à propos le trouble dans les consciences alarmées [1]. Vous avez, en passant, répandu quelques gouttes de votre encre bien noire sur la robe blanche d'un pauvre moine [2]. Vous avez adressé de *sévères reproches* aux évêques, pour les abus de pouvoir dont ils se rendent coupables en *échangeant entre eux des feux croisés de mandements et de lettres épiscopales* [3]. Vous avez caractérisé, en termes énergiques, l'ambitieuse agitation de ce que vous appelez le clergé *sédentaire et administratif* [4], et, en même temps, vous avez fait de flatteuses avances au *clergé des communes rurales,* dont vous prenez en main les intérêts, en louant son zèle, en plaignant son *état de pauvreté,* et en vous félicitant d'obtenir sécrètement son approbation [5].

J'appartiens moi-même au clergé des *communes rurales;* c'est pourquoi j'entreprends de vous répondre. Vous vous présentez à nous, pauvres campagnards, revêtu de la peau de brebis; nous avons besoin de vous considérer avec quelque attention, afin de nous assurer de votre identité. Hélas! il est si naturel au loup de recourir à un déguisement pour pénétrer plus facilement dans la bergerie !... Il est tout naturel aussi que les brebis, qui ne croient pas avoir été précisément créées et mises au monde pour être dévorées par les loups, usent de prudence et n'ajoutent point une confiance trop aveugle à de trompeuses apparences.

Et puis, vous affirmez que nos sympathies vous sont acquises. Il n'est pas sans utilité d'examiner s'il est possible de nous entendre sur le terrain où vous vous engagez, si nous comprenons bien de la même manière les questions de l'ordre religieux, ou même s'il ne serait pas plus honorable pour nous d'attendre, de votre part, de sévères reproches que de flatteuses avances. Voilà ce que je me propose de discuter dans cette lettre. Il ne sera point question de politique entre nous. Non que je n'aie le droit de vous suivre sur ce terrain; le prêtre est citoyen français comme le journaliste et le garde champêtre. Je ne sache pas que son sacerdoce ait pour effet de le dépouiller d'aucun de ses droits de citoyen, et de le rendre inepte sous le rapport des qualités intellectuelles. Mais je laisse de côté les questions de cette nature, et cela pour deux raisons péremptoires. La première, c'est que vous m'en donnez le conseil. Vous ne voulez pas que

[1] Journal de la Vienne, 21 et 25 mai.
[2] Ibid., 18 et 23 mai.
[3] Ibid., 21 mai.
[4] Ibid., 9 mai.
[5] Ibid.

le prêtre, de peur de compromettre son caractère et la religion elle-même, fasse entendre sa voix au milieu des agitations politiques. Cette voix, en effet, serait en désaccord avec celle de tous les utopistes, de tous les aventuriers, de tous les prétendus réformateurs du genre humain, auxquels soixante ans de révolutions ont donné le droit de prendre le haut du pavé dans la société actuelle. Le prêtre fera donc bien de se taire. Son temps sera plus utilement employé, s'il le consacre à retirer les âmes du vice et à les préserver des erreurs religieuses et sociales dont le flot corrupteur, grâce aux efforts combinés de certains écrivains et de certains journaux, menace d'envahir le monde entier. La seconde raison pour laquelle je ne puis pas vous suivre sur le terrain politique, c'est que nous ne pourrions pas aller de front. A l'assurance de votre marche, à l'autorité de vos paroles, à votre ton lui-même, on s'aperçoit que vous ne soupçonnez pas le danger, et vous prenez vos coudées franches, de quelque côté que vous vous tourniez. Il n'en est pas ainsi du prêtre. A tort ou à raison, il trouve l'atmosphère tellement lourde, qu'il respire à peine. Il lui semble que le sol tremble sous ses pieds, et il voit son chemin coupé d'affreux précipices, au fond desquels de prétendus amis, sans cesse aux aguets, ne demandent pas mieux que de l'aider à tomber.

Quand donc il s'agit de politique, vous êtes chez vous, et je vous y laisse. Mais quand il s'agit de religion, je suis chez moi, et c'est vous, Monsieur, qui venez me trouver, et qui prétendez marcher de concert avec moi. Voyons, de ce côté, ce que nous avons de commun ensemble.

I

Le premier point sur lequel nous avons besoin de constater l'accord ou la différence de nos doctrines, c'est assurément la manière d'entendre la religion elle-même. Certaines confidences de famille ne nous permettent pas de vous taxer d'incompétence en cette matière. Vous avez été élevé par un *savant* dominicain. Nous devons croire que la religion entrait pour quelque chose dans la science de ce bon religieux. Vous comptez, en outre, *trois évêques* et un *vicaire général* dans votre arbre généalogique [1]. Les évêques et les vicaires

---

[1] Journal de la Vienne, 4 mai.

généraux sont assez ordinairement orthodoxes en matière de religion. L'orthodoxie de votre foi équivaudra, je n'en doute pas, à tous les actes de naissance et de décès que vous pourriez produire.

Mais pour arriver à s'entendre sur une question, il est nécessaire de la définir. Or, cette définition de la religion, l'avez-vous donnée? Vous avez eu l'intention de le faire, plutôt que vous ne l'avez fait, dans deux articles principaux [1]; car, pour peu qu'on vous lise, on n'est pas longtemps à se convaincre que, quelque sujet que vous traitiez, votre habitude n'est pas d'en donner une notion claire, complète et philosophique. Ainsi, je vois bien que vous aimez à décrire les effets de la religion; vous dites qu'elle a pour objet de *gouverner les âmes* [2], *d'assurer la permanence des États*, *de protéger la richesse publique, de moraliser le commerce et l'industrie* [3]. Ce sont là, j'en conviens, d'excellents effets de la religion. Mais vous n'ignorez pas que la bonté morale de l'effet nous révèle tout au plus la bonté morale, et nullement la nature de la cause qui l'a produit. J'aurai beau savourer, par exemple, la pomme la plus délicieuse, si je n'ai pas vu de pommiers de mes propres yeux, je saurai bien par son fruit que c'est un arbre utile, mais je n'en connaîtrai jamais ni la forme ni le feuillage.

Nous pouvons donc être d'accord sur l'excellence de certains effets de la religion, sans nous entendre sur la religion elle-même. Or, après une lecture attentive et plusieurs fois répétée de vos articles, il m'a semblé que votre intention de définir la religion se manifeste principalement dans les propositions suivantes : 1° *La religion est une partie de la création qu'elle couronne, elle est la création elle-même* [4]. 2° *La religion appartient aux sphères célestes et doit y rester; elle ne touche à la terre que par la porte de nos consciences* [5]. 3° *Il ne faut pas confondre la religion avec son personnel; elle doit être soigneusement distinguée du clergé* [6]. Voilà, Monsieur, la notion la plus positive que vous nous ayez donnée de la religion ; voilà ce que j'ai raison d'apler une définition *nouvelle,* ainsi que je vais avoir l'honneur de vous le démontrer.

Vous dites, d'abord, que la religion est *une partie de la création, qu'elle est la création elle-même.* Je ne sais si vous entendez parfaite-

---

[1] Journal de la Vienne, 4 et 6 mai.
[2] Ibid., 6 mai.
[3] Ibid., 4 mai.
[4] Ibid., 6 mai
[5] Ibid.
[6] Ibid.

ment le sens des mots que vous vous donnez la peine de joindre ensemble : j'en doute. Pour moi, je le confesse, ces deux mots, *religion* et *création*, ont toujours éveillé dans mon esprit deux idées parfaitement distinctes, aussi distinctes au moins que les idées de *religion* et de *personnel religieux*, que vous tenez tant à séparer. Faut-il prendre vos expressions dans leur sens littéral? Dans ce cas, je soutiens que la religion n'est ni la création elle-même, ni une partie de la création. Je crois, de par l'autorité de mon dictionnaire, que la *création* est l'acte par lequel Dieu a tiré toutes choses du néant, acte qu'on appelle ordinairement l'*œuvre des six jours*. La *religion*, au contraire, comme Cicéron le fait remarquer [1], et comme l'étymologie du mot l'indique, la religion, c'est ce qui *relie* l'homme avec Dieu, c'est, par conséquent, l'ensemble des rapports de l'homme avec Dieu. Et pour préciser d'avantage, s'il s'agit du christianisme, — et du moment que vous ne faites pas profession de *bouddhisme* ou de *mahométisme*, c'est apparemment la religion chrétienne que vous avez prétendu définir, — la religion, au sens chrétien, c'est l'ensemble des croyances, des pratiques et des institutions que Jésus-Christ a données à l'homme. Il n'y a donc de rapport entre la création et la religion, qu'en ce que la création est l'un des dogmes de notre symbole religieux. Il serait absurde de confondre ensemble ces deux choses et de définir l'une par l'autre. N'est-il pas manifeste qu'on peut admettre le dogme de la création, sans être pour cela un homme religieux? Qui ne voit, par le fait, que le simple bon sens suffit à me convaincre que mon chat et mon chien ne sont pas sortis du néant sans l'intervention d'un être tout-puissant, lors même que rien ne me *reliera* plus avec cet être, et que j'aurai abjuré toute religion pour mon compte personnel?

A la rigueur, Monsieur, ce qui aurait pu vous induire en erreur à ce sujet, si vous aviez la moindre notion de ces matières, c'est qu'il arrive parfois à nos docteurs catholiques d'appeler la sanctification de l'âme par la grâce, une *création spirituelle*. Mais, comme nos docteurs parlent de ce qu'ils savent, et comme ils écrivent pour être compris, ils se gardent bien d'employer ce mot simplement et sans addition. Même dans ce sens, la religion n'est pas la création, ni une partie de la création; c'est tout au plus la réparation de la création spirituelle de l'homme, déformée par le péché. D'un autre côté, la sanctification de l'âme est le but principal de la religion, mais ce n'en est que le but; ce n'est donc pas la religion elle-même,

---

[1] De natura Deorum.

pas plus que la *protection* qu'elle accorde à la *richesse publique,* pas plus que la *moralisation du commerce et de l'industrie.*

Que si je dois entendre vos paroles en un sens figuré, c'est avec regret que je vous fais remarquer que mon dictionnaire ne m'est plus d'aucun secours; et jusqu'à ce que vous ayez suppléé vous-même à son silence, je resterai dans la même impuissance à comprendre ce que vous voulez dire.

Nous donnez-vous de la religion une idée plus heureuse et plus nette, quand vous affirmez qu'*elle appartient aux sphères célestes et qu'elle doit y rester ; qu'elle ne touche à la terre que par la porte de nos consciences?* Les termes dont vous vous servez sont encore de ceux qui ont grandement besoin d'être précisés. De deux choses l'une : ou vous entendez par là que la religion vient de Dieu et que son autorité est toute divine, et alors vous n'en dites pas assez; ou vous avez la prétention de poser des limites à son empire et à son action dans ce monde inférieur, et dans ce cas vous en dites beaucoup trop. Vous n'en dites pas assez si vous voulez seulement nous faire entendre que la religion a une origine céleste. Qui peut en douter? Mais n'oublions pas que l'homme en est l'objet; que c'est à l'homme et pour l'homme que Dieu l'a donnée; que si elle *réside* dans les *sphères divines* par son origine et par son autorité, elle réside au même titre sur la terre par les enseignements qu'elle renferme, par les devoirs qu'elle impose et par le culte qu'elle prescrit. Quoi! Monsieur, la Constitution qui régit actuellement l'empire français n'a-t-elle pas été octroyée par le chef de l'État? Allez-vous nous dire aussi qu'elle réside dans les sphères de la souveraineté et qu'elle ne doit pas en sortir? Non, elle réside partout où s'étend la puissance d'où elle émane. Votre expression, prise en ce sens, est donc nécessairement défectueuse.

Mais il est évident, par vos paroles mêmes, que ce n'est pas tout ce que vous avez voulu dire; et c'est pourquoi vous en avez dit beaucoup trop, en tombant dans une erreur grossière, contraire à la notion même de la religion. Vous avez la générosité de ne pas reléguer tout à fait la religion dans les sphères divines et de lui permettre de *toucher à la terre,* mais seulement *par la porte de nos consciences.* Si j'entends quelque chose au sens des mots, ces paroles renferment une restriction; cela signifie qu'il y a dans le monde des choses que la religion ne saurait atteindre; cela signifie qu'il y a dans la vie de l'homme, par exemple, certains actes qui échappent à l'empire et au contrôle de la religion. C'est là ce que vous avez voulu dire, et c'est altérer à dessein la notion la plus élémentaire de la religion. Mais

que vous êtes malheureux dans le choix de vos expressions! Un peu
de réflexion vous eût montré que vos paroles disent le contraire de
votre pensée. Car, si la religion touche à la terre par la conscience,
il n'y a rien dans l'homme, ni dans ses actes, ni dans sa vie, à quoi
la religion soit complétement étrangère. Qu'est-ce, en effet, que la
conscience, sinon la règle universelle de nos actes et de notre vie?
Et la religion a-t-elle d'autre raison d'être que de servir de gardienne
et d'interprète à cette règle universelle, à cette loi morale des actes
humains? Pour échapper à l'empire de la religion, il faut donc sortir
du domaine de la conscience; il faut se dépouiller de l'usage de sa
liberté et de sa volonté; il faut devenir un automate. La religion se
saisit donc de l'homme par la conscience, dans toutes les conditions
de son existence ici-bas, dans sa vie publique comme dans sa vie
privée, dans son individualité, dans la famille, dans la société. Elle
atteint le pauvre sous son toit de chaume; elle suit le monarque au
milieu des splendeurs de sa cour. Et vous-même, Monsieur le Rédacteur, la religion étend sur vous son contrôle; elle applaudit à vos
efforts, si vous accomplissez une œuvre moralement bonne; elle vous
condamne impitoyablement, si vous agissez contrairement aux lois
de la conscience, de la justice et de la vérité. Et cette sentence, vous
ne l'éviterez pas; elle sera ratifiée par Celui qui doit un jour donner
à chacun de nous la juste rétribution de ses œuvres. Il eût mieux
valu, il faut en convenir, avouer franchement votre dessein d'amoindrir à nos yeux le rôle de la religion dans le monde, que de le dégui-
ser sous des paroles qui vous mettent en contradiction avec votre
propre pensée.

Enfin, vous complétez l'énoncé de vos principes en matière reli-
gieuse par celui-ci, qu'*il ne faut pas confondre la religion avec son personnel ;* que *la religion doit être soigneusement distinguée du clergé.* Non,
le clergé n'est pas la religion elle-même, pas plus que la magistrature
n'est la justice, pas plus que les orateurs ne sont l'éloquence, pas plus
que M. de Bonnal n'est le *Journal de la Vienne.* En vérité, Monsieur,
vous dites parfois les choses de manière à rendre jaloux certain per-
sonnage d'une naïveté proverbiale. Cependant, on croit généralement
que M. de la Palisse, avec son air de simplicité naïve, n'était point
sans intention malicieuse. N'en serait-il pas de même de vous? Ce qui
me porte à le supposer, c'est le raisonnement que vous faites à
l'appui d'un principe qui paraît trop évident par lui-même pour avoir
besoin de preuve.

Ce raisonnement, le voici : Il ne faut pas confondre la religion
avec le clergé, parce que les prêtres sont *faillibles,* et qu'ainsi on

déshonorerait la religion en la rendant responsable des fautes des prêtres ; on *mettrait Dieu à la place de l'homme*, et *Dieu perdrait tout crédit*. Vous produisez, en faveur de cette singulière thèse que je qualifierai tout à l'heure, le témoignage des Souverains-Pontifes et des chefs d'Ordres religieux, qui ont publié des décrets pour la réformation du corps ecclésiastique ; et vous ne craignez pas d'invoquer l'autorité des condamnations prononcées par les tribunaux civils contre des membres du clergé. Ce raisonnement, sur lequel vous vous étendez avec trop de complaisance, n'est qu'un pauvre paralogisme, emprunté aux hérésiarques de tous les temps et surtout à la presse révolutionnaire de notre époque. Tout cela ne prouve rien, parce que tout cela est complétement en dehors du sujet. A-t-on jamais revendiqué pour le prêtre le privilége de l'impeccabilité ? C'est parce qu'avec toutes les grâces attachées à son sacerdoce il demeure sujet aux faiblesses humaines, que les Papes dans l'Église universelle, les évêques dans leurs diocèses n'ont cessé de le rappeler à la régularité des mœurs et à la pratique des vertus de son état. C'est parce que le prêtre, de même que tous les hommes, conserve entière la liberté de ses actes, qu'il a pu commettre certains délits qui l'ont rendu justiciable des tribunaux civils. Mais en quoi la religion est-elle responsable des faiblesses des prêtres ? Pour quel motif Dieu perdrait-il *son crédit* ici-bas, parce quelques-uns de ses ministres auraient méconnu leur devoir ? Mais la médecine est-elle moins utile, parce qu'il y a des médecins malhabiles ? Les préceptes de l'art de guérir seront-ils sans autorité, parce qu'il y aura toujours des praticiens inexpérimentés ?

Non, soyez sincère, ce que vous vous proposez, en étalant devant nous les faiblesses du prêtre, ce n'est point de sauvegarder la responsabilité de la religion ni *le crédit* de Dieu sur la terre ; c'est uniquement de dépouiller le prêtre de sa dignité, autant que cela dépend de vous, d'amoindrir l'autorité de sa parole, et de ruiner par là le reste d'influence qu'il exerce sur les populations. Voici votre dessein : Les peuples, depuis dix-huit siècles, ont considéré le clergé, sujet ou non aux faiblesses humaines, comme le dépositaire et le gardien des principes religieux, comme le seul interprète autorisé de la doctrine. Mais vous, nouvel apôtre de l'école du *Siècle* et de l'*Opinion nationale*, vous venez dans nos contrées émettre sur la religion, sur le clergé, sur l'Église, sur sa constitution temporelle, des principes que vous savez, comme moi, être en opposition avec ceux que les prêtres ont reçus de Jésus-Christ et qu'ils ont défendus dans tous les temps. Il faut donc, par tous les moyens, substituer votre chétive autorité à l'autorité du prêtre. Quand vous venez nous dire : *Gardons-nous de confondre la religion avec son personnel,* ou vous êtes simplement ridicule, ou vous avez pour but, avec toutes vos phrases embarrassées, de déconsidérer le prêtre et de le mettre hors la religion. Supposez, Monsieur, que je m'attribue, dans une autre sphère, le rôle que vous remplissez vis-à-vis de nous, et que, m'adressant aux sujets de l'empire français, je leur dise : Gardez-vous de confondre l'empire avec son *personnel,* l'État avec les fonctionnaires qui l'administrent. Ou bien je soulèverais autour de moi un rire homérique, si l'on ne me supposait point de dessein caché ; ou l'on comprendrait que je veux répandre la défiance au sujet des fonctionnaires, et ruiner dans l'esprit du peuple l'autorité en vertu de laquelle ils administrent. Je pourrais, d'ailleurs, appuyer ma thèse sur le même raisonnement, et montrer que les fonctionnaires, sans en excepter les journalistes, sont aussi sujets que les prêtres aux faiblesses humaines, et que la même raison qui met les prêtres hors la religion, met les fonctionnaires hors l'État.

Que si nous résumons maintenant vos principes en matière de religion, nous finirons, je le crains, par nous trouver loin de compte. Votre religion à vous, n'est que la création elle-même ou une partie de la création : ma religion, à moi, est parfaitement distincte de la création qu'elle maintient au nombre de ses dogmes ; c'est un ensemble de croyances et d'institutions positives ayant pour objet de régler tous les rapports de la terre avec le ciel. Votre religion est enfermée dans les *sphères divines et ne doit pas en sortir :* la mienne est celle que prêche l'Église catholique, nullement étrangère à ce monde inférieur, mais s'y rendant perpétuellement visible par son enseignement, par ses ministres et par son culte. N'en déplaise aux *trois évêques* et au *vicaire général* que vous comptez dans votre famille, votre religion aurait de l'avantage à se passer de prêtres, parce que ceux-ci peuvent à chaque instant la compromettre par leurs faiblesses, du moment qu'on les confondrait avec elle : il n'en est point ainsi de la mienne. Bien qu'elle ait parfois à réprimer les écarts de quelques-uns de ses ministres, elle n'est point exposée au danger d'être confondue avec son personnel : encore moins pourrait-elle se passer de lui. Et même, je crois qu'elle n'a été primitivement fondée que par le ministère des prêtres, qu'elle ne se perpétue dans le monde que par leur action, et qu'elle abandonnera la terre avec le dernier de ses pontifes. Une religion qui, comme la vôtre, doit borner son action aux sphères divines, est une pure abstraction ; c'est la religion chantée par Béranger, mais ce n'est pas la mienne. Un Dieu exposé à *perdre son crédit* parmi les hommes, par suite des faiblesses du prêtre, peut bien être le *Dieu des bonnes gens;* certes, ce n'est pas celui que le clergé des *communes rurales* à l'honneur de connaître et d'adorer.

II

Tenez, Monsieur le Rédacteur, je ne vous ferai pas l'injure de croire que des principes si éloignés des miens émanent chez vous d'une conviction bien profonde. Je serai plus dans le vrai, en n'y voyant qu'une théorie de circonstance, émise pour vous fournir le moyen de juger à votre manière, en sauvant les apparences, cette grave question romaine qui trouble les consciences, et d'adresser de *sévères reproches* au clergé qui ne considère pas précisément les choses au même point de vue que vous. C'est pourquoi notre désaccord sur les principes fera que nous ne nous entendrons probablement pas davantage au sujet de la question romaine et des reproches ou des éloges que vous adressez au clergé.

Quant à la question romaine, elle est bien simple. Le Pape régnait depuis des siècles sur quelques provinces de l'Italie centrale. Il y trouvait la garantie de son indépendance personnelle, en même temps que les ressources nécessaires pour le gouvernement de l'Église universelle. La légitime possession de ce petit État qu'il devait à une Providence de Dieu toute spéciale, puis au respect et à la reconnaissance des peuples et des rois, lui était assurée par les traités les plus solennels. Mais il y a deux ans à peine, un gouvernement voisin, alors notre allié, profita du moment ou une guerre effroyable jetait l'épouvante dans les esprits, pour fomenter, avec l'aide et avec l'assentiment des révolutionnaires de l'Europe entière, la révolte dans quelques-unes de ces provinces, et pour les détacher à son profit du domaine pontifical. Quinze mois plus tard, ce même gouvernement, de plus en plus insatiable du bien d'autrui, a lancé, sans déclaration de guerre, une armée de soixante mille hommes sur une autre portion des États de l'Église, et en a fait brutalement la conquête, après en avoir arrosé le sol du plus noble et du plus pur sang de la France. Voilà le fait que le Pape et les évêques, que le clergé du monde entier, sans en excepter celui des *communes rurales*, ont considéré comme un agression sacrilége contre l'indépendance du Chef de l'Église, comme un attentat injustifiable contre une propriété plus de dix fois séculaire, comme la violation la plus odieuse du droit des gens. Mon but n'est point d'exposer les motifs de cette appréciation, ni d'entrer dans des détails de ce qu'on appelle la *question romaine*. Cette question a été traitée ailleurs; ce n'est pas seulement le clergé, ce sont tous les honnêtes gens qui ont dit leur pensée à ce sujet. L'histoire n'aura rien à changer à leur jugement.

Ce que je me propose, Monsieur le Rédacteur, c'est de montrer que votre appréciation, à vous, tout à fait en accord avec vos principes religieux, ne peut pas être la nôtre. Je constate d'abord que vous ne pouvez pas trouver grand mal dans la conduite du Piémont envers le Saint-Siége, puisqu'il *n'a pris*, selon vous, *que ce qui se donnait*[1]. Évidemment, ce n'est pas un crime que de prendre ce qui se donne. Toutefois, je ne sais quelle réminiscence d'ancien régime vous fait avouer qu'il y a eu quelque chose *d'illégal* dans la conduite de Victor-Emmanuel. Pourquoi? *Parce qu'il s'est trop pressé*[2]. Il y a bien ici une petite contradiction. Si Victor-Emmanuel s'est trop *pressé*, il en résulte que rien ne *se donnait*, quand *il a pris*. D'où il faudrait conclure qu'il agissait contrairement à la justice et au droit des gens. Fi donc! je m'aperçois que j'ai moi-même des réminiscences d'ancien régime; disons que c'est une simple *illégalité!* Mais consolons-nous : au train où nous allons dans le *droit nouveau*, le jour n'est pas loin où le ravisseur du bien d'autrui ne sera plus exposé, pour *se presser trop*, à tomber dans l'*illégalité*.

Tout *illégale* qu'elle a été, l'occupation des États-Romains est regardée par vous comme un fait accompli, comme un fait irrévocable : Victor-Emmanuel est désormais possesseur légitime. Pourquoi? Parce que l'Italie, qu'il s'était trop hâté de prendre, a fini par se donner à lui; — parce que le *droit divin* n'est plus de notre époque et doit être remplacé par le *droit nouveau;* — parce que les peuples peuvent, quand ils le veulent, congédier leurs vieux gouvernements pour se soumettre à qui bon leur semble[3]. Ainsi Victor-Emmanuel est le roi légitime de ce qu'il a pris, du moment que les peuples, usant d'un *droit inaliénable,* se sont donnés à lui, et qu'ils ont manifesté leur volonté à cet égard par le suffrage universel. C'est un fait accompli, dites-vous? Oui, c'est un fait sur lequel j'ai sous les yeux trois sortes de témoignages : le témoignage des victimes de la spoliation, qui prétendent que le suffrage a été démesurément restreint quant au nombre des votants, et un peu gêné par le voisinage des baïonnettes

---

[1] Journal de la Vienne, 25 mai.

[2] Ibid., 25 mai.

[3] Ibid., 16, 21 et 25 mai, *passim.*

piémontaises ; — le témoignage du spoliateur, qui, par les chiffres qu'il a publiés jusqu'à présent, ne contredit pas beaucoup celui de ses victimes ; — le témoignage de lord John Russell, qui ne pèche pas cependant par défaut de complaisance et d'amitié pour le spoliateur. Qu'on se rappelle la dépêche dans laquelle le ministre anglais diffère de reconnaître le nouveau royaume d'Italie, par la raison que *la volonté nationale ne lui paraît pas suffisamment exprimée dans les votes qui ont eu lieu jusqu'à ce jour*[1]. Mais ne nous arrêtons pas pour si peu de chose.

Vous dites, Monsieur que le tort du Pape a été *de se rattacher au droit divin ; qu'il ne pouvait sauver son temporel qu'en demeurant ferme dans ses premières inspirations*[2]. Le motif pour lequel le Pape a pu revenir sur les inspirations qu'il avait trouvées, au commencement de son règne, dans l'inépuisable bonté de son cœur, ce n'est pas moi qui dois vous le dire, c'est le sang de ses ministres et de ses officiers, dont le marbre de ses palais est encore rougi, c'est le sang généreux dont nos propres soldats ont abreuvé le sol romain, pour soustraire la capitale du Pontife à la tyrannie d'une poignée d'étrangers. Vous ajoutez que le Pape *serait aujourd'hui roi d'Italie*[3]. Permettez : le Pape n'est pas sur la terre le représentant du *Dieu des bonnes gens*. Le Pape ne peut pas être roi d'Italie, parce que la religion dont il est le chef n'effacera jamais de son code cette loi formelle : « Tu ne voleras pas, *non furaberis.* »

Mon Dieu ! Monsieur le Rédacteur, quand, à propos du Pape et de tout, vous nous parlez du *droit divin*, du *droit des peuples*, je suppose que vous ne vous rendez pas bien compte à vous-même de ce que vous voulez dire. Savez vous ce qu'avec les hommes d'ancien régime, — et ils sont encore fort nombreux, — j'entends par droit divin dans l'ordre politique ? Je vous l'avoue, j'ai toujours considéré ce mot comme impliquant l'idée d'*hérédité*. Un prince, à mon sens, règne en vertu du droit divin lorsqu'il est légitimement revêtu d'un pouvoir héréditaire. Une légère teinture d'histoire vous montrerait qu'il ne peut pas en être autrement. Si l'on excepte le peuple juif, Dieu n'a jamais été l'auteur immédiat d'une constitution politique chez aucune nation. Nous voyons, au contraire, que ceux qui commencent les dynasties royales ont été constamment élevés sur le pavois par la gloire militaire, par le droit de la conquête, par le génie gouvernemental ou par l'élection. Le pouvoir qu'ils tenaient de l'une ou

---

[1] Dépêche de lord J. Russell à sir James Hudson.
[2] Journal de la Vienne, 16 mai.
[3] Ibid.

de plusieurs de ces causes, ils l'ont transmis à leurs descendants, non en vertu d'un ordre manifeste du ciel, mais comme naturellement, par suite du besoin qu'éprouve un peuple de pourvoir à son avenir et à sa sécurité. Sauf les États républicains, toujours extrêmement rares, plus rares que jamais dans le monde, l'hérédité a été partout regardée comme le fondement et la sauvegarde des monarchies. Or, les hommes n'ont pu se trouver d'accord sur ce point, si l'hérédité n'est autre chose qu'un droit chimérique, si elle n'a ses racines dans les entrailles de la société, — qui n'est sur la terre que l'épanouissement de la famille, — si elle n'est, non pas l'ordre social lui-même, mais la conséquence ordinaire de l'ordre social établi de Dieu.

Si ce n'est pas là l'idée que vous avez du droit divin, je dis que vous ne savez pas ce que c'est, et vous calomniez ceux qui y croient encore, lorsque vous en donnez une tout autre notion. Mais j'ajoute que vous ne savez pas davantage ce que c'est que le *droit des peuples,* que vous opposez au droit divin. Le *droit des peuples,* ou *la souveraineté nationale,* se révèle, selon vous, *par le droit des majorités. Les majorités sont la loi* [1]. *Cette loi des majorités est absolue ; le droit héréditaire doit céder lui-même devant elle.* C'est en vertu de cette loi souveraine que les peuples peuvent, à leur gré, congédier leurs princes à Rome, à Naples, à Florence, à Parme, à Modène, ailleurs sans doute aussi, pour mettre à leur place un roi quelconque. Mais, dites-moi, en confiant le pouvoir à un nouveau prince, lui attribuez-vous aussi un droit héréditaire? Prenez garde ; en lui conférant un droit héréditaire, à lui et à ses descendants, vous vous mettez en contradiction avec vous-même ; vous engagez les générations à venir. Demain vous aurez peut-être une majorité qui, pour une raison ou pour une autre, ne pensera pas comme celle d'aujourd'hui. Si vous ne lui reconnaissez pas le pouvoir de changer ce que vous avez fait, ce sera une majorité privée d'un *droit inaliénable,* de l'exercice de sa souveraineté ; ce sera une majorité dont la volonté ne fera plus loi, et vous retombez avec moi dans le droit divin. Au contraire, si vous lui attribuez le droit d'exercer à son tour sa souveraineté politique, dites, alors, qu'il n'y a plus rien de stable dans la société, qu'il n'y a plus d'autre loi que l'anarchie, les caprices de la multitude, le jeu varié des ambitions. Dites que le droit, la loi, ne sont pour vous que des mots mal définis, qui ne représentent à votre esprit rien de net et de positif ; dites qu'il y a chez vous table rase

Journal de la Vienne, 21 mai.

de principes politiques, que vous vous êtes enfin rallié à ces *générations modernes* dont naguère encore vous flagelliez le scepticisme. Voici ce que vous écriviez en 1857 :

« En religion, elles (les générations modernes) prennent l'indiffé
« rence et affichent la piété. En morale, elles acclament le succès,
« *ferment les yeux sur les moyens*, et déifient la conscience. En politi
« que, la loi fait la foi tant que la loi dure, et quand la loi tombe
« devant *un caprice du peuple, aussi bien motivé que celui des femmes*
« *du monde, ayant à peu près les mêmes conséquences*, une loi nouvelle
« survient qui recommence l'œuvre de ses devancières, *à la charge*
« *d'être écartée par ses descendantes* [1]. »

Et ce programme serait maintenant devenu le vôtre. Et c'est en faisant profession d'un pareil scepticisme, que vous prétendriez éclairer les esprits en matière de politique, de morale et de religion ? Mais alors, que vous êtes mal venu à combattre les anciens partis dans nos contrées ! Et que vous êtes un étrange défenseur de la monarchie impériale, dont vous vous montrez tardivement, il est vrai, le partisan enthousiaste, et à laquelle vous semblez avoir pour mission de nous rallier !... En religion, en morale, en politique, nous croyons à quelque chose; et vous ne croiriez plus à rien ! Commencez donc par nous arracher ce qui nous reste en fait de principes sur le droit religieux et social, alors nous pourrons accepter les énormités que vous ne craignez pas d'avancer, du genre de celle-ci : à savoir que *la perte du pouvoir temporel* est un bien pour la Papauté et qu'*elle la rendra plus vivace ; de même que la révolution de* 89 *enleva au clergé et à la monarchie ce qui entravait leur marche et fonda leur empire définitif* [2]. Oui, la révolution a fondé chez nous l'*empire définitif* du monarque et du prêtre, en les conduisant tous les deux à l'échafaud ! Pensez-vous que le résultat doive être le même pour le Pape ? Eh ! monsieur, le moyen le plus prompt d'en finir avec la maladie, c'est encore de tuer le malade !

Au reste, vous ne manquez ni de grandeur d'âme ni de générosité. Vous ne voulez pas qu'on dépouille le Pape de son temporel, sans qu'on lui trouve une compensation. Cette compensation ne serait autre qu'une sorte de liste civile, soldée par les gouvernements catholiques et garantie par la foi des traités [3]. A cette idée, que vous avez empruntée à une trop célèbre brochure, je m'étonne que vous n'ayez pas ajouté quelque chose de votre cru. Ne pouviez-vous pas

---

[1] Courrier de la Vienne et des Deux-Sèvres, 9 octobre 1857.

[2] Journal de la Vienne, 9 mai.

[3] Ibid., 25 mai.

demander, par exemple, que la liste civile du Pape tombât tout entière à la charge du Piémont? N'est-il pas juste que celui qui est seul à profiter de la spoliation, soit également seul à payer l'indemnité? De bonne foi, vous nous croyez bien faciles à duper, pour ressasser de la sorte cette chimère d'une dotation pontificale! En quoi cette dotation serait-elle plus avantageuse à la Papauté que la possession du domaine temporel? Depuis quand vaut-il mieux attendre son pain quotidien de la bienveillance d'autrui que de le récolter dans son champ? Vous avouez vous-même que la dotation n'offrirait pas plus de garantie que le temporel, que les traités n'assureraient pas plus la perpétuité de l'une que la légitime possession de l'autre, contre la convoitise ou les caprices des princes [1]. Ah! ce qui nous arrive à nous, pauvres curés des *communes rurales*, nous dit assez ce qui arriverait au Pape avec une dotation. Quoi! un simple préfet peut, de sa seule autorité, supprimer notre modique traitement, malgré les lois qui semblaient en assurer l'inviolabilité : et un prince ne pourrait pas, quand il lui plairait, suspendre ou supprimer le traitement du Pape, malgré les traités les plus solennels? Vous dites, en manière de raison péremptoire, que le Pape, pour conserver son temporel, *peut déroger à la dignité de son caractère* [2]; et vous menacez de fournir *des documents* en preuve. Nous ne craignons que le retard de vos révélations. Mais, croyez-moi, tout ce que vous pourrez nous dire à cet égard n'égalera pas les bassesses et les humiliations auxquelles le Chef suprême de l'Église serait soumis par ceux qui consentiraient à lui jeter annuellement un morceau de pain.

Vous en conviendrez avec moi, Monsieur, le sort que vous tenez en réserve pour le Chef de l'Église n'a rien de séduisant. Il reste à examiner s'il y a lieu de nous flatter nous-mêmes de la manière dont vous nous traitez.

III

Il est nécessaire, tout d'abord, que je vous fasse une petite confidence. Certains esprits malicieux ont pensé que vous aviez une mission secrète à remplir à l'égard du clergé. Le clergé, dit-on, se

[1] Journal de la Vienne, 25 mai.
[2] Ibid.

montre tout à fait déraisonnable, celui du Poitou plus que tout autre.
Il paraît viser à l'indépendance; il mêle le spirituel au temporel; et,
à propos du Pape, il s'ingère dans les questions purement politiques.
Il est temps de le mettre à la raison. Et c'est vous, Monsieur, qui
auriez accepté d'accomplir cette tâche dans le *Journal de la Vienne*.
Je ne puis le croire; en voici la raison. Vous nous apprenez vous-
même qu'un lien de reconnaissance vous oblige envers notre Évêque.
Ce lien, nous ne l'aurions pas connu, si vous n'aviez pas écrit les
lignes suivantes dans le *Courrier de la Vienne*, il y a un peu plus de
trois ans :

« En 1850, celui qui écrit ces lignes avait publié un article éner-
« gique contre une instruction familière de Monseigneur, *Évêque de*
« *Poitiers*, dans une modeste église de campagne. Monseigneur en
« fut vivement affligé. — En 1852, ce même écrivain partit pour
« l'Espagne, exilé par ce que les partis nomment nécessités politi-
« ques. — A la même époque, Monseigneur prenait les Eaux-Bonnes
« dans les Pyrénées. — M. de Bonnal reçut, en Espagne, une lettre
« angélique du digne prélat, dans laquelle on lisait ces mots : Je ne
« partirai pas des Pyrénées sans aller prendre, pour les rapporter à
« sa famille, des nouvelles du pauvre exilé.— Et Monseigneur de Poi-
« tiers fit soixante lieues, bien que convalescent, pour dire à un homme
« malheureux, uniquement connu de lui par une offense, d'avoir
« confiance en Dieu ! — Lorsque M. de Bonnal sortit de sa demeure
« pour l'étranger, que de gens, n'ayant reçu de lui que politesses,
« avaient souri malicieusement ! Combien trouvaient l'exil trop
« doux ! Il en est qui lui rêvaient les antipodes, et d'autres firent
« mieux. Tendre la main ou pousser dans l'abîme, *constitue même*
« *action* pour certaines dignités ! — Où, dans ce parallèle, est la
« sainteté de la doctrine et la grandeur du caractère ? la majesté
« des plus nobles sentiments humains, et *la ligne droite de la grande*
« *route* qui mène au Tout-Puissant ? D'un coté, l'homme de la foi,
« de l'autre des estomacs à digestion; le spiritualisme et le maté-
« rialisme; la paix et la guerre [1]. »

Nous vous sommes doublement reconnaissants, Monsieur, des pré-
cieuses révélations contenues dans ces paroles. D'abord, elles nous
montrent toute la magnanimité du saint Évêque, qui ne s'est vengé
d'une offense personnelle qu'en vous portant des paroles de consola-
tion dans le triste lieu de votre exil. En second lieu, elles nous ras-

[1] Paix et Guerre, par M. de Bonnal, Courrier de la Vienne, 8 décembre
1857.

surent sur le motif qui vous inspire les accusations que vous formulez maintenant contre le clergé. Non, il n'est pas possible que votre plume soit devenue l'objet d'un trafic honteux, que vous vous soyez rapproché *des estomacs à digestion* qui vous avaient précipité dans l'abîme, pour servir leurs rancunes contre le prélat dont vous avez éprouvé la bonté au milieu des rigueurs de la terre étrangère !... Si vous adressez de *sévères reproches* au clergé, il n'y a plus de doute qu'ils ne partent chez vous d'une conviction profonde ; et peut-être est-ce la dette de reconnaissance, autrefois contractée par vous envers Mgr de Poitiers, qui vous fait entreprendre de le ramener, lui et les siens, dans ce que vous croyez être la bonne voie.

Voici un alinéa qui résume assez bien votre pensée sur la situation actuelle du clergé : « Cela prouve que le clergé *actif* pense diffé-
« remment *que* le clergé *sédentaire* et *administratif ;* que l'un s'attend
« à mourir sous la tuile d'un pauvre presbytère, au *sein* du respect
« et de l'amour d'un humble troupeau, tandis que l'autre *aperçoit*
« de loin, en *perspective,* le *crédit* de la pourpre, et *s'inspire* de ses
« mondaines *aspirations.* Aussi, le premier *fait-il de la religion* par des
« travaux gigantesques, dont le vulgaire ignore les peines de toute
« nature, tandis que le second fait de la politique et associe sa des-
« tinée à la furtive existence des partis. D'où résulte pour nous la
« conviction que le clergé inférieur sauvera l'Église, alors que le
« clergé supérieur tend à la compromettre [1]. »

Je dois vous faire remarquer, en passant, que la division que vous faites du clergé, en clergé *actif* et clergé *sédentaire* et *administratif,* est de votre invention ; il n'y en a pas de traces dans le droit canonique, ni même dans le droit civil. Je vous ferai remarquer, de plus, que cette division n'est pas heureuse dans les termes ; car les évêques et les hauts dignitaires que vous désignez par la dénomination de clergé *sédentaire,* sont en général, par la nature de leurs fonctions et l'étendue de leur territoire, plus *actifs* que les curés des *communes rurales ;* et le clergé des campagnes, que vous appelez clergé *actif,* est, par suite de ses obligations particulières, nécessairement plus *sédentaire* que les chefs de l'administration diocésaine. Mais nous savons ce que vous voulez dire ; passons.

Les *sévères reproches* que vous adressez au clergé *sédentaire* et *administratif,* sont fort graves, plus graves que vous ne le supposez sans doute. Vous ne voyez, dans cette catégorie, que des ambitieux, qui, « *aperçoivent* de loin, en *perspective, le crédit* de la pourpre, qui

[1] Journal de la Vienne, 9 mai.

« font de la politique et associent leur destinée à la furtive existence
« des partis, » évidemment, pour parvenir *au crédit* de la pourpre.
Je crains bien, Monsieur le Rédacteur, qu'en mêlant la pourpre à
tout cela, vous n'ayez été sous l'empire d'une hallucination. Vous
n'ignorez pas quelle est la situation de l'Église en France, sous le
régime du Concordat; vous n'ignorez pas, par conséquent, à quelles
conditions, un prêtre peut espérer de parvenir à l'épiscopat d'abord,
et ensuite à la pourpre romaine. Ne serait-ce point, par hasard, un
chemin plus court vers *le crédit* de la pourpre, de garder le silence
sur la grande question du jour, et de ne point publier de Lettres pastorales, mal sonnantes aux oreilles des hommes politiques, et qui
peuvent attirer sur leurs auteurs une sentence *d'abus* de la part du
conseil d'État? Que vous accusiez d'ambition nos Évêques, passe encore; mais que vous fassiez du *crédit* de la pourpre l'objet de leur
ambition, c'est les prendre pour des imbéciles, et je ne crois pas
qu'ils aient mérité cette qualification.

Soit! mais ce sont des ambitieux, selon vous, qui *font de la politique et associent leur destinée à la furtive existence des partis.* C'est là
ce que « signifient, dites-vous, ces feux croisés de Mandements et de
« Lettres *épiscopales* qu'échangent les évêques entre eux [1]. » Je savais
bien que les Évêques ont l'habitude d'écrire des Mandements et des
Lettres pastorales, afin de les envoyer à tous les membres du clergé,
et que c'est un devoir rigoureux de leur charge, puisqu'ils n'ont pas
d'autre moyen de faire entendre leur voix dans toutes les églises d'un
diocèse. J'ignorais qu'ils en écrivissent, dans le but d'en faire comme
des feux croisés, pour le plaisir de les *échanger entre eux.* Mais si votre
expression manque d'exactitude, elle peut trouver son excuse dans
le besoin de votre cause.

Les Évêques font de la politique?... Est-ce par la raison que dans
ces derniers temps, ils se sont crus dans l'obligation de parler de la
question romaine, afin de réduire à néant les sophismes et les mensonges que la presse révolutionnaire ne cesse de répandre contre le
Pape et contre l'Église? A la bonne heure! mais il faudrait oser le
dire. Les Évêques vous répondraient qu'à leurs yeux, tout ce qui
touche au spirituel et au temporel de l'Église, appartient à l'ordre
religieux, avant d'appartenir à l'ordre politique. Ils appuieraient leur
sentiment sur le témoignage des Souverains Pontifes, des conciles de
tous les siècles, et en particulier du concile de Trente, dont l'autorité vaut bien celle du *Journal de la Vienne.*

---

[1] Journal de la Vienne, 21 mai.

Mais il est plus commode de lancer une accusation banale contre les membres du clergé, et de les représenter comme des hommes inféodés aux vieux partis. Toutefois, cette accusation, formulée en termes généraux, a nécessairement dans votre pensée plus de précision que dans vos paroles. Si vos flèches sont principalement dirigées contre le clergé de notre diocèse, — ce que l'on peut croire, — vous ne pouvez pas ignorer le but qu'elles doivent frapper. Or, ce but est certainement le Chef du diocèse lui-même. Seul, dans les rangs du clergé *sédentaire* et *administratif*, il a élevé la voix: seul, il s'est préoccupé ostensiblement de cette grande question contemporaine, dont certains catholiques, *sincères mais indépendants*, auraient voulu se réserver le monopole, — à moins que vous ne vouliez associer à son Évêque le pauvre prêtre qui vient d'être condamné à deux années d'emprisonnement par le tribunal de Civray. Mais ceci n'est pas supposable; ce prêtre est un simple vicaire; il est membre du clergé *actif*, et à ce titre il peut compter sur votre bienveillance et sur vos *sympathies*. Si donc l'Évêque est le principal ou même le seul agitateur politique, c'est lui, ce sont ses actes publics que vous incriminez dans vos colonnes. Néanmoins, ne pourrait-on pas vous demander sur quels documents vous basez l'acte d'accusation que vous dressez contre lui? Ou bien, jouissez-vous du privilége d'affirmer sur la seule autorité de votre parole? Ce privilége, d'où le tiendriez-vous? — De la *science* du dominicain qui vous a élevé; de l'héritage des trois évêques et du vicaire général dont s'honore votre blason? Allons donc? n'oublions pas notre modeste rôle de journaliste. Grâce à l'abaissement général des esprits et des caractères, le *journalisme*, je le sais, est devenu une puissante machine de guerre. Pourtant, je ne veux pas faire à la société, au milieu de laquelle je vis, l'injure de croire que le journaliste ait désormais le droit de commander à l'opinion publique. Non, il cherche tout au plus à la convaincre, et rien ne le dispense de donner des preuves. Ainsi, pour démontrer que Mgr de Poitiers fait de la politique, il ne suffit pas de dire qu'il soutient énergiquement les intérêts de l'Église, même en ce qui touche à la politique. S'il ne le faisait pas, il faillirait au plus sacré de ses devoirs. Il est nécessaire de prouver que, par ses *paroles* ou par ses actes, il travaille au renversement de la dynastie impériale, qu'il favorise les espérances des anciens partis, ou bien encore, qu'il s'ingère dans les questions d'un ordre purement temporel, pour s'occuper de l'organisation des grands corps de l'État, de la magistrature, de l'armée, des finances, du commerce, de la police. Eh bien! voilà ce qu'il n'est pas en votre pouvoir de faire. Je vous mets au défi de produire, en faveur de votre assertion, une parole, un écrit, un acte. Il reste donc acquis que l'accusation dont vous vous faites l'écho contre lui, n'est qu'une imputation calomnieuse.

Que vous avez bonne grâce, ensuite, lorsque vous accompagnez votre accusation d'une menace, et que vous insinuez que le gouvernement impérial pourrait bien « retirer à l'épiscopat son *écla-« tante* protection [1] ! » Pour moi, je ne sais jusqu'où est allée la faveur dont le clergé a joui sous le régime actuel. S'il a été bien en cour, c'est apparemment qu'il avait à cette distinction des titres légitimes. Mais vous tombez dans une erreur grossière, lorsque vous attribuez à cette haute protection la puissance dont le clergé dispose au milieu des populations. Le clergé renierait sa mission divine, s'il mettait sa principale force dans un bras de chair ; — il renierait les enseignements de l'histoire, qui ne lui permettent pas d'oublier qu'il a vécu trois siècles dans les catacombes, malgré l'empire le plus colossal qui ait pesé sur la terre ; — il renierait les traditions locales de nos contrées. Nous appartenons à un peuple dont les pères ont su mourir pour la foi, il y a un peu plus d'un demi-siècle. La génération actuelle a moins dégénéré, que vous ne le supposez, de la vertu de ses ancêtres ; et le plus grand mal que l'on pût souhaiter à un gouvernement, c'est qu'il revînt aux tentatives impies de 91 contre l'Église. Peut-être que vos convictions seraient un peu modifiées à cet égard, si vous aviez vu ce que j'ai vu moi-même, ce dont j'ai été témoin il y a quelques jours. Monseigneur faisait sa visite pastorale dans une portion du département des Deux-Sèvres. Jamais les populations n'ont été plus empressées à le recevoir ; jamais les feux de joie plus nombreux ; jamais les acclamations plus chaleureuses autour du premier pasteur du diocèse. Cependant, il serait difficile d'y voir un enthousiasme réchauffé. Les fonctionnaires, qui sont en général les seigneurs du village, se sont abstenus. Ils avaient des instructions pressantes à ce sujet, au point qu'un pauvre facteur rural est venu demander à son directeur de poste, s'il était *autorisé* à lever son chapeau, dans le cas où il rencontrerait Sa Grandeur sur la route.

J'ai dit, Monsieur le Rédacteur, que l'accusation, jetée par vous à la face du clergé, est plus grave que vous ne le pensez. Un rapprochement vous le fera comprendre. Supposez qu'il me plaise de porter contre la magistrature une accusation du même genre. Il me

[1] Journal de la Vienne, 21 mai.

suffirait d'employer vos propres expressions, et de remplacer quelques noms par d'autres. Fidèle, comme vous, à l'axiome des anciens qui voulaient qu'on divisât pour vaincre plus sûrement, je distinguerais deux catégories dans la magistrature : la magistrature *active*, comprenant certains petits tribunaux et les juges de paix ; la magistrature *sédentaire* et *administrative*, composée des parquets et des chambres des hautes cours. Je dirais donc :

« La magistrature *active* pense différemment *que* la magistrature *sédentaire* et *administrative*. L'une s'attend à mourir sous la *tuile* d'un pauvre prétoire, au *sein* du respect et de l'amour d'un humble troupeau de justiciables, tandis que l'autre *aperçoit* de loin, en *perspective, le crédit* d'une robe rouge et d'une hermine soyeuse de procureur général, la dignité d'une première présidence ou même du Sénat, et s'*inspire* de ses ambitieuses *aspirations*. Aussi, la première *fait-elle de la justice* par des travaux gigantesques, dont le vulgaire ignore les peines de toute nature, tandis que la seconde fait de la politique, et associe sa destinée aux vues du gouvernement. D'où résulte pour nous la conviction que la magistrature inférieure sauvera l'État, alors que la magistrature supérieure tend à le compromettre. »

Si je tenais sérieusement un pareil langage, sans autre preuve que celles que vous alléguez contre nous, je ne serais ni plus ni moins qu'un calomniateur, et je n'aurais pas le droit de me plaindre si un *mandat* de M. le procureur impérial me procurait l'honneur de recevoir la visite du commissaire de police et des gendarmes. Pourquoi? — Parce que la magistrature est un grand corps de l'État, et qu'il n'est permis à qui que ce soit de répandre contre elle une imputation calomnieuse ; — parce qu'en supposant même que quelques magistrats se fussent déshonorés, ce déshonneur ne saurait rejaillir sur le corps tout entier. Le clergé a-t-il donc cessé d'être l'un des corps les plus respectables de l'État? Est-il loisible de l'accuser sans preuves et de répandre impunément sur lui la calomnie? En vérité, Monsieur, si je ne craignais d'outrager la magistrature de mon pays, je serais tenté de croire que cette impunité vous est assurée, et que vous vous êtes muni contre nous d'un sauf-conduit. Les fausses imputations que vous débitez contre le clergé et les indignes insinuations que vous êtes permises contre un pauvre religieux ne sont pas faites pour nous en dissuader. Mais à propos du moine, nous n'avons ni les confidences, ni les immunités dont vous paraissez jouir.

Enfin, le clergé *sédentaire* et le pauvre *moine* ont épuisé votre fiel. Vous n'arrivez jusqu'à nous, prêtres obscurs des *communes rurales*, que pour nous tendre la main et nous donner le baiser fraternel. Votre esprit s’éprend d’une admiration charmante au sujet de nos œuvres, et votre cœur se fond de tendresse et de compassion à l’encontre de notre triste condition présente. Vous avez des expressions de choix, pour parler de nous, telles que celle-ci : « Aussi, le premier (le clergé *actif*) *fait-il de la religion.* » *Faire de la religion!* Quelle langue parlez-vous? Et cette religion, *nous la faisons par des travaux gigantesques.* Mon Dieu! je ne me soupçonnais pas tant de mérite dans la sphère étroite où j’exerce mon humble ministère; mais M. Jourdain ne faisait-il pas de la prose sans le savoir!—Et de là *résulte* pour vous *la conviction que le clergé inférieur sauvera l’Église.* Ce lui sera beaucoup d’honneur assurément! d’autant plus qu’on pensait jusqu’ici, conformément aux paroles de l’Évangile, que le Fils de Dieu avait chargé le clergé supérieur, c’est-à-dire les Évêques, de gouverner et, au besoin, de sauver l’Eglise.— Avec quelle tendre sollicitude vous plaidez notre cause et vous démontrez la nécessité d’élever notre *traitement* [1]! En effet, si ce traitement reste plus longtemps stationnaire, tandis que tout s’enfle autour de nous, je veux qu’avant qu’il soit deux ans le garde champêtre de ma commune marche de pair avec moi. — Mais ce qui vous attendrit jusqu’aux larmes, ce qui constitue *le martyre du prêtre,* bien plus que *les visites aux pauvres et les courses de nuit,* c’est *la vue des charmes irrésistibles de l’existence,* qu’il faut *pressentir avec une âme jeune et vierge, et qu’il faudra toujours bannir* [2]. Le vœu que nous faisons, en entrant dans les rangs du sacerdoce, *de toujours bannir les charmes irrésistibles de l’existence,* tout en les *pressentant avec une âme jeune et vierge,* a été jusqu’à présent notre force et la source des plus pures délices. Vous nous apprenez que c’est un *martyre* à faire pitié..... Merci du secret! Mais si nos confrères, les missionnaires de la Chine, n’en endurent pas de plus cruel, j’avoue que s’ils sont un jour canonisés, ils le seront à bon marché.

Voilà, Monsieur le Rédacteur, en quelles dispositions vous êtes et quels sentiments vous avez manifestés envers le clergé des *communes rurales.* C’est ce qui vous autorise à compter sur ses sympathies. Et ce n’est pas sans l’expression visible d’une satisfaction profonde que vous constatiez, à la date du 21 mai, que, *sur la totalité du diocèse, trois lettres de prêtres seulement avaient désapprouvé votre manière de voir* [3]. La

---

[1] Journal de la Vienne, 14 mai.

[2] Ibid.

[3] Ibid., 21 mai.

mienne sera, sans doute, la quatrième. Toutefois, Monsieur, il ne faudrait pas trop se hâter de conclure que ceux qui ne vous écrivent pas vous approuvent par leur silence. Vous ignorez peut-être que, parmi le clergé des *communes rurales*, la plus grande partie ne vous lit point et serait fort en peine d'approuver ou de désapprouver vos doctrines, selon le dire du poëte, *ignoti nulla cupido*. Et parmi ceux qui vous lisent, il y en a bien peu qui voulussent se donner la peine de vous écrire, même pour le malin plaisir de vous désapprouver. Je vous ferai même un petit aveu. Quelques-uns de mes excellents confrères à qui j'ai communiqué mon projet, n'ont pas hésité à me répondre : « Vous avez tort; il est des gens et il est des choses qu'il faut laisser mourir de leur belle mort. » Je demande pardon à mes confrères si je ne me suis pas rendu à leur avis, meilleur sans doute que le mien. Mais une fois n'est pas coutume.

Il paraît, du reste, Monsieur, que ce silence du clergé inférieur à votre égard ne serait pas absolu. Vous avancez, dans un premier article, que « ce que ne vient pas vous dire le corps si *digne* du clergé « des *communes rurales*, il vous le fait répéter par des tiers [1]. » Ailleurs, vous ne vous contentez plus d'*encouragements isolés, transmis par des tiers* : vous accusez réception de *lettres privées de dignes ecclésiastiques* [2]. Je n'ai qu'un mot à vous répondre. Ou ces *lettres privées*, de même que les *encouragements isolés, transmis par des tiers*, ne sont qu'une pure fiction : alors votre but est de donner le change au public et au clergé lui-même. Ou bien, s'il y a quelque chose de fondé dans votre assertion, ces *encouragements* et ces *lettres* partent d'une source telle, que, pour l'honneur de votre cause, je vous mets au défi de les reproduire.

Bien plus, il y un point sur lequel le corps *si digne* du clergé des *communes rurales*, loin d'être d'accord avec vous, s'en sépare complétement ; c'est lorsque vous osez mettre les paroles suivantes dans la bouche *d'un prêtre, parfait de ton et de langage*, qui a jugé à propos *de faire l'honneur d'une visite à la rédaction du Journal de la Vienne :* « Le clergé du diocèse n'a jamais marché politiquement avec son « Évêque [3]. » Ce prêtre ne vous a rien dit de pareil; car, s'il vous avait dit quelque chose de semblable, il aurait calomnié son Évêque et ses confrères. Ce prêtre m'est personnellement connu ; je sais, comme vous, et je le sais *pertinemment*, qu'il est *parfait de ton et de*

---

[1] Journal de la Vienne, 9 mai.
[2] Ibid., 21 mai.
[3] Ibid.

langage, et il eût cessé de l'être, si les expressions que vous lui attribuez fussent tombées de ses lèvres. Je sais, en outre, que ce même prêtre a voulu profiter de la faculté qui lui était offerte par vous de rectifier l'analyse que vous avez donnée de son *discours*. Il vous a, pour ce motif, adressé une lettre dont une partie a paru dans votre numéro du 25 mai. Mais cette lettre renfermait, je le sais, une protestation énergique contre l'assertion tout à fait gratuite que vous lui avez prêtée, *que le clergé ne marche pas politiquement avec son Évêque*. Cette protestation, qu'est-elle devenue? On pourrait le demander à la paire de ciseaux, parfois fort intelligents, que M. Dupré vous a confiés avec la rédaction de son journal.

Je dis plus : ce prêtre n'a pas pu vous tenir un pareil langage, parce qu'il peut, comme moi, vous mettre au défi de citer une circonstance politique où le clergé du diocèse ait été en dissentiment de conduite ou d'opinion avec son Évêque. Est-il en votre pouvoir d'établir, par des faits, que le clergé de ce diocèse « ait accordé ses sympa-« thies à tel gouvernement antipathique à son Évêque [1]? — que l'Évê-« que ait repoussé un gouvernement applaudi par les masses [2]? — « qu'il ait obligé MM. les curés et desservants *de* partager ses opinions « politiques [3]? » Désigneriez-vous ces *Mandements épiscopaux*, que vous trouvez si *hasardés*, parce qu'ils *annoncent au public que le corps des prêtres diocésains partagent les doctrines politiques du Chef sacerdotal* [4]? Ces Mandements peuvent bien avoir existé dans vos rêves ; pour moi, je vous certifie qu'il n'y en a pas de trace dans les archives des paroisses. Il serait également nécessaire d'établir, sur des preuves positives, cette autre allégation non moins étrange, que le chef du diocèse aurait *sollicité de ses subordonnés des adresses d'adhésion* [5]. Oui, à l'heure qu'il est, Monseigneur possède des actes, non pas d'adhésion, le mot pourrait être impropre, mais de respectueuse et sympathique admiration de tous ses prêtres. Mais ces actes n'ont pas été *sollicités*, sachez-le bien. A deux reprises différentes, des adresses collectives ont été signées par tous les prêtres de mon canton ; mais nul d'entre nous ne peut se flatter d'avoir *sollicité* la signature de ses confrères. Pour qui nous prenez-vous donc, Monsieur? Pendant le cours de nos études théologiques, nous nous sommes bien des fois épris de l'admiration la plus vive pour l'héroïsme et la

---

[1] Journal de la Vienne, 14 mai.

[2] Ibid.

[3] Ibid.

[4] Ibid.

[5] Ibid., 21 mai.

noble conduite d'un ancien Évêque de Poitiers, de l'un des plus illustres docteurs de l'Eglise, de saint Hilaire. Et aujourd'hui que l'on voit revivre, dans l'un de ses successeurs, et cet héroïsme, et le même zèle, et la même science, et le même dévouement, vous voudriez que tout cela n'ait plus le don de nous émouvoir et de nous entraîner ?... Pensez-vous qu'au temps de saint Hilaire, *les sympathies secrètes du clergé diocésain* fussent acquises aux Ariens? Ah! si les Évêques sont encore ce qu'ils étaient alors, croyez-moi, le clergé inférieur n'a pas dégénéré. Supposez qu'un écrivain du quatrième siècle eût avancé, dans des pages parvenues jusqu'à nous, que dans le diocèse de Poitiers le clergé inférieur ne marchait pas avec son évêque. Savez-vous quelle serait à nos yeux la valeur de cette assertion? Nous y verrions l'un de ces mensonges habituels par lesquels les Ariens cherchaient à donner le change à l'opinion publique. On a tout autant de motifs d'ajouter foi à votre parole, quand vous vous flattez de posséder nos *sympathies secrètes*, et de nous avoir dans votre camp contre la ligne de conduite de notre Evêque.

IV

Il est donc évident, Monsieur, que nous sommes loin de nous entendre sur toutes choses. Les éloges que vous nous adressez, à nous prêtres des *communes rurales*, sont de telle nature, que nous vous prions de nous mettre de part, à l'avenir, dans les *sévères reproches* que vous reservez à nos supérieurs ecclésiastiques. Nous ne comprenons pas de la même manière que vous les intérêts du Saint-Siége, et votre religion n'est pas la nôtre. Au reste, ces différences capitales qui nous séparent, ne sont pas les seuls points sur lesquels vous vous soyez mépris. Par exemple, l'opinion que vous avez de notre jugement et de notre goût littéraire, nous fait peu d'honneur. Vous avez pensé, peut-être, que l'étude de la logique et de la grammaire française ne fait point encore partie de l'enseignement dans nos séminaires et dans nos colléges de province. C'est le désir de vous mettre à la portée de nos esprits qui vous a déterminé, sans doute, à ne tenir aucun compte de ces deux choses. Ça été une erreur de votre part.

Ainsi, la logique a pour objet principal de nous apprendre à mettre de l'ordre, de la suite et de la clarté dans nos idées. Ce n'est pas votre méthode. Vous confondez tous les sujets; vous parlez de toutes choses à propos de tout; si bien que, pour faire la synthèse de vos doctrines sur les quelques points que j'ai examinés, j'ai dû fouiller dans vingt articles différents, et y saisir des embryons de pensées, plutôt que des pensées véritables. — La logique, qui est l'art du raisonnement, exige que les *conséquences* soient contenues dans leurs *prémisses*. Vous ne faites pas assez de cas de cette règle, comme je l'ai démontré au sujet de la question romaine et de la distinction que vous établissez entre la *religion* et son *personnel*. De même, on ne doit jamais émettre une proposition *contestable* sans la faire suivre de la preuve. Prenons pour exemple l'une des thèses sur lesquelles vous vous étendez avec le plus de complaisance. Vous dites que *tous les partis sont d'accord pour le fonds, qu'ils ne diffèrent que pour les formes, pour les noms et pour les personnes* [1]. Ceci est assurément une proposition contestée; il n'y manque qu'une chose, une démonstration victorieuse. Pour la donner, il ne suffisait pas d'affirmer simplement, comme vous le faites, que tous les partis sont d'accord sur un fonds commun, qui est, selon vous, *la religion, la famille et la propriété* [2]. Il fallait, en outre, montrer que ce fonds commun s'est également bien trouvé de toutes les formes sociales dont nous avons essayé. Et pour cela il était nécessaire de comparer entre eux, sous le triple rapport de la religion, de la famille et de la propriété, 93, le premier empire, la restauration, le gouvernement de juillet, 48 et le régime actuel. Mais le développement de ce programme n'eût peut-être pas été des plus favorables à votre thèse.

Vous n'avez pas une meilleure opinion de notre goût littéraire. Je l'avoue, Athènes n'est pas notre patrie; toutefois, nous nous défendons d'être de pur sang béotien. Vous ne serez donc pas moins intelligible pour nous en cessant de recourir à certaines *licences* de langage. Permettez-moi de vous en signaler quelques-unes entre mille.

On nous a donné, sur l'emploi de l'*adjectif de possession*, certains préceptes qui ne justifient pas le rôle que vous lui faites jouer dans cette phrase : « Voilà ce que nous enseignent l'histoire et *sa* méditation [3]. »

Il y a une *conjonction* dont l'usage est très-fréquent, sans qu'il

[1] Journal de la Vienne, 2 mai.
[2] Ibid.
[3] Ibid., 9 mai.

nous soit permis de dire : « Le clergé actif pense différemment *que* le clergé sédentaire [1]. »

Nos grands écrivains se permettent les phrases à effet, tout en se faisant une loi de ne jamais blesser les règles de la clarté et du bon sens; ils ne diraient pas : « A Rome , *dans le monde*, de même qu'en « *France* , la Papauté sortira plus vivace de ses accessoires péris- « sables [2]. »

Le *pléonasme* était cher aux anciens; les modernes en sont plus avares. Ni les uns ni les autres n'accepteraient celui-ci : « Ils sont « tous *égaux*, sans priviléges ni supériorité. L'*un vaut l'autre;* aucun « ne s'impose. Leur *valeur* est *égale* [3]. »

J'ai d'autant plus lieu de regretter la méprise où vous êtes tombé au sujet de notre degré de culture intellectuelle, que vous vous ex- posez, par là, à manquer totalement le but que la direction du *Jour- nal de la Vienne* s'est proposé en faisant appel à votre plume. Vous nous apprenez, dès votre premier article, que la province peut désor- mais se suffire à elle-même, en fait de journaux, comme pour le reste. Or, je vous le déclare, la capitale, qui jusque-là avait été seule à nous fournir cette denrée, ne nous traitait pas plus mal que MM. les Parisiens. Nous trouvions même, parfois, de la saveur à ce qu'elle nous envoyait. Quelque complaisants que vous supposiez nos gosiers poitevins, comment s'habitueraient-ils aujourd'hui à l'âpre boisson que vous nous servez ? Il n'y a pas de doute qu'en s'adressant à vous, on espérait nous offrir un vin des meilleurs crus. Et, s'il fallait s'en rapporter à des bruits, trop accrédités pour que nous n'en croyions pas quelque chose, on n'aurait point regardé au prix. En tout cas, votre littérature n'est pas faite pour donner du crédit à votre phi- losophie , et si vous êtes le fondement d'un édifice, je crains fort la ruine.

Il est temps de mettre fin à cette lettre. Je n'ai point l'espoir que vous la reproduisiez dans vos colonnes, et mon intention n'est pas de vous en confier les destinées. Bien que vous fassiez profession de *ne savoir pas attaquer sans admettre la défense*, et que le *Journal de la Vienne soit une tribune où chacun pourra monter* [4], il est probable qu'il en serait de moi comme de celui de mes confrères qui vous a *fait l'honneur d'une visite*. Conformément à *des procédés invariables, suffi -*

[1] Journal de la Vienne, 9 mai.

[2] Ibid.

[3] Ibid., 2 mai.

[4] Ibid., 9 mai.

samment connus, vous me jugeriez digne, tout au plus, de l'*analyse* [1]. Or, l'analyse par votre plume ne me va pas. Je ne me dissimule pas, d'un autre côté, que le clergé des *communes rurales* n'a point d'organe de publicité dans le département de la Vienne. Il ne peut s'adresser au public qu'à ses frais et dépens, même dans le cas de légitime défense. N'importe ! ceci ne sera pas un obstacle entre nous. Je continuerai de vous lire, Monsieur le Rédacteur; s'il en est besoin, et si mes confrères se rangent à mon avis, je continuerai même de vous écrire.

[1] Journal de la Vienne, 9 mai.

Le 15 juin 1861.

IMPRIMERIE BAILLY, DIVRY ET COMP., PARIS, RUE NOTRE-DAME DES CHAMPS, 49.

www.ingramcontent.com/pod-product-compliance
Lightning Source LLC
Chambersburg PA
CBHW051353060726
47596CB00005B/1894